**Lydia Hauenschild** wurde 1957 im Bayerischen Wald geboren. Ihre Kindheit bestimmten vor allem zwei Dinge: die Tiere auf dem Bauernhof ihres Vaters – und jede Menge Lesefutter aus Büchereien. Nach dem Studium der Agrarwissenschaften in Göttingen kam sie 1985 durch die Geburt ihrer Kinder zum Schreiben: Weil es keinen Ratgeber für Zwillingseltern gab, entschloss sie sich kurzerhand, selbst einen zu verfassen. Seitdem denkt sie sich aber mit ebenso viel Spaß auch Geschichten für Kinder aus.
Lydia Hauenschild lebt mit ihrer Familie in der Pfalz.


**Astrid Vohwinkel** wurde 1969 in Essen geboren. Gezeichnet hat sie schon als Kind gern, und so galoppierten vorwiegend wilde Pferde quer durch ihre Schulhefte. Später studierte sie Grafikdesign mit Schwerpunkt Illustration an der Fachhochschule in Münster und ist seit ihrem Studienabschluss als freiberufliche Illustratorin für verschiedene Kinder- und Jugendbuchverlage tätig.

Lydia Hauenschild

## Lesewörterbuch

## Das weiß ich über Ponys

Illustrationen von Astrid Vohwinkel

Loewe

Bibliografische Information Der Deutschen Bibliothek
Die Deutsche Bibliothek verzeichnet diese Publikation in der
Deutschen Nationalbibliografie; detaillierte bibliografische
Daten sind im Internet über *http://dnb.ddb.de* abrufbar.

*Der Umwelt zuliebe ist dieses Buch
auf chlorfrei gebleichtem Papier gedruckt.*

ISBN-10: 3-7855-5715-9
ISBN-13: 978-3-7855-5715-0
1. Auflage 2006
© 2006 Loewe Verlag GmbH, Bindlach
Umschlagillustration: Astrid Vohwinkel
Reihenlogo: Angelika Stubner
Printed in Italy (011)

www.loewe-verlag.de

# Inhalt

Der Ausreißer .................. 8

Bitte nicht kitzeln! ................ 18

An der Longe ................. 28

Antjes Fohlen ................. 38

## Der Ausreißer

Lea besucht ihre Oma auf dem .

Gleich morgens ernten sie im  leckere .

„Lass das, du  !", ruft Oma plötzlich.

Da sieht auch Lea das .

Schwupps! – schon ist eine

in seinem  verschwunden.

Das  schnaubt zufrieden

durch die , und Lea

und Oma müssen lachen.

„Das Pony gehört  Vollmer",

sagt Oma zu Lea.

„Es reißt gerne von der  aus.

Damit könnte es in jedem

auftreten, denn es öffnet mit

den  den großen  am ."

„Wie heißt du denn?", fragt Lea

das  neugierig, als Oma

zum 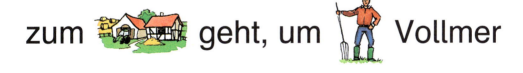 geht, um Vollmer

zu holen.

Doch das  antwortet nicht.

Es knabbert lieber an Leas .

Sanft streichelt Lea das  an

seiner , bis Oma

mit  Vollmer kommt.

„Ihr beide versteht euch ja prima",

meint  Vollmer zu Lea.

Er hat für das  ein  und

einen kurzen  mitgebracht.

„Möchtest du  Fritz zum

führen?", bietet er Lea an.

„Ich zeige dir, wie man es macht."

# ENTDECKERSEITE

# Auf zum Ponyhof

# Mein kleines LEXIKON

## Ponys:

In der Natur leben Ponys in kleinen Herden zusammen. Deshalb soll man ein Pony auch im Stall nicht alleine halten. Sonst fühlt es sich einsam.

## Gras und Kräuter:

Ponys fressen Gras und Kräuter, Heu, Stroh und Hafer. Besonders lieben sie trockenes Brot, Karotten, Äpfel und sogar Bananen und Trauben.

## Weide:

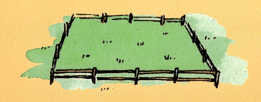

Die Weide ist eine Wiese mit vielen Gräsern und Kräutern, auf der die Ponys fressen können.

# Auf zum Ponyhof

## Gatter:

Die Weide ist von einem Zaun umgeben, damit die Ponys nicht weglaufen. Das Tor zu dieser Weide nennt man Gatter.

## Halfter:

Das Halfter wird über den Kopf des Ponys gezogen. Daran ist der Führstrick befestigt, mit dem man das Pony auf die Weide oder in den Reitstall führen kann.

## Nüstern:

Die Nasenlöcher eines Ponys heißen Nüstern. Ponys und Pferde können sehr gut riechen. Das ist vor allem wichtig, wenn Gefahr droht.

# Bitte nicht kitzeln!

Als Lea, 🧑‍🌾 Vollmer und das 🐴

auf dem  🏡 ankommen,

mistet Arne gerade die 🐎

von Fritz aus.

Mit 🪣 und 🍴 lädt er 💩

und nasses 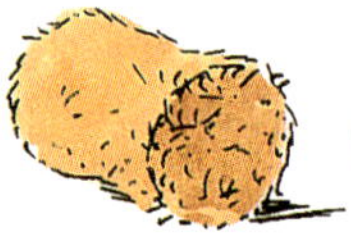 🌾 auf eine 🛒,

die in der 🚪 steht.

Danach füllt Arne neues  in

die , und Fritz schnuppert

an seinem frisch gemachten .

In der  neben Fritz steht

noch ein .

„Das ist Antje", sagt Arne zu Lea.

„Sie erwartet bald ein ,

darum ist ihr  so dick."

Während  Vollmer beginnt,

die zu fegen, holt Arne

den .

Er bindet Fritz vor der  an

und kratzt ihm mit einem

sorgfältig alle vier  aus.

Lea darf dem  mit der

und dem  das  putzen.

Als Lea dabei seinen 🐴 berührt, schlägt Fritz mit dem 🐴.

„Du bist ja kitzelig!", ruft Lea erstaunt.

„Und wie", sagt Arne. „Am 🐴 und am 🐴 sind 🐴 empfindlich."

Lea kämmt mit dem  die  ,

und Arne bürstet den  .

„Das  glänzt ja wie  ",

lobt  Vollmer, als er die

aus dem  zum  schiebt.

„Dafür darf Lea an der  reiten."

# ENTDECKERSEITE

# Im Ponystall

# Mein kleines LEXIKON

## Box:

In einem Ponystall gibt es meist mehrere Boxen, in denen die Ponys wohnen. Wichtig ist, dass sie immer frisches Stroh und Wasser in der Box haben.

## Stallgasse:

Die Stallgasse ist wie ein Flur, von dem die Boxen abgehen. Oft werden die Ponys in der Stallgasse geputzt.

## Putzkasten:

Im Putzkasten sind alle wichtigen Gegenstände, die man zur Pflege der Ponys braucht: Hufkratzer, Striegel, Kardätsche, Mähnenkamm und Schwamm.

# Im Ponystall

## Kardätsche:

Die Kardätsche ist eine Bürste, mit der man Staub und Haare aus dem Fell des Ponys putzen kann. Vorher wird das Fell dafür mit einem Striegel aufgeraut.

## Schweif:

Den Schwanz der Ponys nennt man Schweif. Ihn darf man nur vorsichtig bürsten, weil die Haare dort nur sehr langsam nachwachsen.

## Longe:

Die Longe ist eine lange Leine, an der das Pony vom Reitlehrer im Kreis geführt wird. Reitanfänger können sich so zunächst ganz auf ihren Sitz im Sattel konzentrieren.

# An der Longe

 Vollmer macht das  für

die  fertig.

Er zieht Fritz das  über, legt

ihm eine  auf den  und

schnallt ihm einen  um.

„Bekommt Fritz denn keinen ?",

fragt Lea ein wenig beunruhigt.

„Ohne  und ohne lernst

du am besten, sicher auf

einem  zu sitzen", erklärt

ihr  Vollmer.

„Ist dir mulmig?", fragt Arne.

„Nicht die 🫛", meint Lea tapfer.

In der 🟨 geht Fritz an der langen 🪢. Immer im 🟨 um Arne und 🧑‍🌾 Vollmer herum. Lea gefällt es auf dem breiten 🐴.

Doch dann schnalzt  Vollmer

mit der langen , und Fritz

beginnt zu traben.

Wie stark sein  plötzlich

schaukelt!

„Hupps! – gleich falle ich ins !",

befürchtet Lea. Sie ist sehr froh,

dass Arne ihr seine

geliehen hat.

Aber alles geht gut. Dann darf Lea

sogar mit Fritz galoppieren!

Arne beobachtet das 🐴 genau –

und plötzlich schwingt er sich

hinter Lea auf den 🐎.

Als Arne seine 🖐 ausbreitet,

fühlt sich Lea wie im 🎪.

# ENTDECKERSEITE

# In der Reitbahn

**Mein kleines LEXIKON**

### Reitbahn:

In der Reitbahn finden die Reitstunden statt. Hier sind Markierungen angebracht, an denen sich die Reiter bei den Übungen orientieren können.

### Sattel:

Beim Reiten sitzt man auf einem Ledersattel, der auf den Rücken der Ponys gelegt und mit einem Bauchgurt festgezogen wird. Der Sattel muss dem Pony gut passen, sonst entstehen leicht Druckstellen.

### Steigbügel:

Die Steigbügel sind am Sattel befestigt, und der Reiter stellt seine Füße hinein. Sie erleichtern dem Reiter das Aufsteigen und ermöglichen ihm einen guten Sitz.

## In der Reitbahn

### Zaumzeug:

Das Zaumzeug liegt um den Kopf des Ponys. Am Mundstück, der Trense, sind auch die Zügel befestigt.

### Zügel:

Die Zügel, die Verbindung zum Pferdemaul, hält der Reiter in den Händen. Mit Zügeln und Beindruck kann der Reiter sein Pony lenken.

### Gangart:

Es gibt drei Grundgangarten bei den Ponys. Schritt, Trab und Galopp. Der Galopp ist die schnellste Gangart.

## Antjes Fohlen

Abends isst Lea bei Oma ,

als es an der  klopft.

„Antje bekommt jetzt ihr !",

erzählt Arne aufgeregt.

„Möchtest du zugucken, Lea?"

Natürlich läuft auch Oma mit

zum  hinüber.

Leise öffnet  Vollmer die .

Antje wälzt sich unruhig im ,

und manchmal zittert ihr

dicker .

Auch Fritz guckt aus seiner  neugierig zu, wie das  geboren wird. Zuerst sieht man die  und dann erst die .

Plumps! – landet es im .

„Oh, ist das niedlich!", flüstert Lea.

Es dauert noch etwas, bis

das  auf seinen  stehen

kann. Unbeholfen sucht es das

von Antje und saugt süße  aus

den . Mmmh, lecker!

# Mein kleines LEXIKON

## Hengst:

Das männliche Tier heißt bei Ponys Hengst. Er bewacht seine Herde und verteidigt sie bei Gefahr sogar mit den Hufen.

## Stuten:

Ponymütter nennt man Stuten und ihre Kinder Fohlen. Ein Fohlen wächst im Bauch seiner Mutter fast ein ganzes Jahr heran.

## Vorderbeine:

Fohlen werden mit den Vorderbeinen voran geboren. Die Geburt eines Fohlens dauert nicht lange. Das ist lebenswichtig, denn während der Geburt kann die Stute nicht vor Feinden fliehen.

# Die Fohlengeburt

## Fohlen und Stute:

Nach der Geburt leckt die Stute ihr Fohlen trocken und atmet seinen Duft ein. Später erkennen sich Fohlen und Stuten über weite Entfernungen an ihrem Geruch.

## Beine:

Nach der Geburt ist das Fohlen noch unsicher auf den Beinen. Aber schon an seinem ersten Lebenstag kann ein Fohlen laufen. Die Herde muss ja weiterziehen, um neue Futterstellen zu suchen.

## Milch:

Die erste Milch, die das Fohlen trinkt, enthält wichtige Stoffe gegen Krankheiten. In den ersten drei Monaten säugt die Stute das Fohlen noch täglich. Aber bald beginnt es, auch Gras zu fressen.